¡Qué emoción!
Berta se va de colonias

Júlia Prunés Massaguer
Ilustraciones de Bernadette Cuxart

Primera Edición: abril 2015
Júlia Prunés Massaguer
Edita: OmniaBooks

ISBN: 978-84-943148-6-5
Depósito legal: B-8404-2015
www.omniabooks.com

Texto: Júlia Prunés
Ilustraciones: Bernadette Cuxart Picart

Impreso en Gráficas Pir Gar S.L.

♥ **Las emociones** son el motor del **mundo.**

Existen tantas realidades como puntos de vista, especialmente cuando hablamos de conflictos y emociones. Por ello, cada cuento de la colección tiene un ilustrador o ilustradora distinto y Berta nos sorprende en cada nueva aventura.

LOS INDIOS

- Id cerrando los libros y guardándolo todo... -dijo Marta, la maestra- ¡Y recordad que mañana nos vamos de colonias! ¡Por fin conoceremos al Indio Flecha Rápida!

Llevaban semanas esperando **impacientes** ese momento y, de repente, todo eran risas, gritos y carrerillas.

- **Calma**, calma... - insistió Marta- Estoy igual de **contenta** que vosotros, pero debemos tener cuidado con esta **euforia**. Fijaos, hasta se os han caído los libros por el suelo y, con tanto griterío, estamos molestando a los compañeros de la clase de los delfines.

5

Marta, al verlos tan **alborotados**, se puso las manos en el pecho, y les pidió:

- A ver, silencio por favor. Muy bien, y ahora, escuchad vuestro corazón con las manos. ¿Verdad que late muy rápido? Pues venga, nos relajaremos un poco antes de marcharnos. Primero entra el aire por la nariz: 1, 2, 3, 4, 5 ... y luego, sale como una serpiente por la boca...

- Psssssssssssss –suspiró la clase entera.

Después de 3 o 4 respiraciones, recuperaron la **serenidad**. Recogieron en un momento y salieron del aula **tranquilamente**.

LAS EMOCIONES

7

Por la tarde, mientras Berta preparaba, **ilusionada**, su mochila, su hermano Miguel entró jugueteando en la habitación y en un santiamén, lo esparció todo por el suelo. Berta gritó, **indignada**:

- ¡Mira lo que has hecho! ¡Ya puedes dejarlo todo como estaba!
- ¡Y una porra! ¡Tonta, más que tonta! - soltó su hermano y Berta se le echó encima.
- ¡Basta, basta! ¿qué pasa aquí? -gritó su padre **preocupado**- ¿Os estáis peleando?
- ¡Papá, Berta me ha pegado! - sollozó Miguel.
- ¿Es verdad, Berta? – preguntó, **sorprendido**.
- ¡Él me ha insultado primero! - replicó.

Entonces, su padre quiso aclarar:
- A ver Berta, ¿le has pegado porque te ha insultado, o quizás lo has hecho porque te has **enfadado**?

- ¡Pues le he pegado porque me he enfadado! Lo tenía todo listo para meterlo en la mochila y mira lo que ha hecho! - refunfuñó Berta.

- Chica, comprendo que te hayas **disgustado** - dijo su padre un poco **decepcionado**- ¿Tu crees que pegarle era la solución?

- No, pues claro que no, papá ... – respondió Berta, **arrepentida**- Lo siento Miguel, me he enfadado tanto que ¡me he descontrolado!

- A mí me sabe mal haberte hecho **enojar**... –añadió Miguel, algo **avergonzado**- ¿Hacemos las paces?

- ¡Claro que sí! Ven aquí mocoso, ¡que te **quiero** mucho! –suspiró Berta, dándole un abrazo.

A la hora de la cena, Berta notó como si en su tripa revolotearan mil mariposas, tenía un nudo en el estómago, y no podía ni tragar las croquetas que tanto le gustaban.

- ¡A ti te pasa algo, Berta! - observó su madre.
- Estoy hecha un lío... -respondió la niña- Me muero de ganas de ir de colonias, pero, ¿qué hago si me pierdo por el bosque? ¿y si me da **asco** la comida? ¿y si os **extraño**? y si ...

- Ahhh, ya lo veo, estás algo **inquieta**, ¿verdad? -siguió su madre-
Te comprendo. ¿Te acuerdas? El año pasado te pasó lo mismo.
- ¡Es verdad, mamá! y al final ¡nos lo pasamos genial! - soltó Berta
aliviada- y además, la comida estaba buenísima.

Después de cenar, se fue con Kisu al jardín. Un par de carreras
y cuatro chutes de pelota y ese poquito de **ansiedad** que sentía
había desaparecido.

13

A la mañana siguiente, Berta subió al autocar todavía un poco **angustiada**. El viaje se hizo largo y **aburrido** pero, finalmente, llegaron a la Granja.

- ¡Qué emoción! ¡Hemos llegado, hemos llegado! – gritaban con **entusiasmo**.

Bajaron del autocar y amontonaron todas las mochilas.

- ¡Mirad ahí, un campamento indio! - observó Pablo, señalando unos tipis plantados en medio del bosque.
- ¡Que viene Flecha Rápida, que viene Flecha Rápida! -gritaban **exaltados** al ver acercarse un indio, galopando a caballo.

Enseguida se formó un círculo a su alrededor.

- ¡Bienvenidos! —les saludó, Flecha Rápida- ¿Dónde están los Lakota? ¿Y los Pies negros? ¿Han venido también los Apaches?

- ¡Estamos aquí, estamos aquí! – chillaban todas las tribus alborotadas.

- Vosotros, los Lakota -prosiguió Flecha Rápida, señalando a la tribu de Berta- ¡vuestra aventura empieza en la Ruta de la **confianza**!

Pol y María, los monitores de los Lakota, llevaron a la tribu al medio del bosque, donde había un circuito hecho de troncos y cuerdas.

- Uaauuu ... ¿Has visto, Martina? ¡Hay una tirolina! – observó Berta sorprendida.
- ¡No me gusta nada, Berta! -gruñó Martina- ¡Qué **canguelo**!

- Es normal que algunos y algunas estéis **asustados**, -les dijo el monitor- sobre todo si no habéis saltado nunca desde una tirolina. Y esto es una suerte, el **miedo** es una emoción que a menudo nos ayuda ser prudentes y a protegernos de los peligros.

María les explicó cómo funcionaba la tirolina y cómo tenían que saltar sin correr ningún riesgo.

Le llegó el turno a Martina, Berta la alentaba mientras avanzaba **temerosa** por el circuito con los ojos tapados. Cuando llegaron a la tirolina, se agarró muy fuerte a la cuerda, y ...

- ¡No puedo, Berta! No puedo saltar ... –lloriqueaba con **impotencia**- ¡Tengo demasiado miedo!

- ¡Sí que puedes, Martina! —la **confortaba** Berta- El miedo te hace creer que no.

Con la ayuda de los monitores, Martina se dio cuenta de que, en el fondo, no le asustaba tanto la tirolina, sólo necesitaba un poquito de confianza en sí misma.

- Estoy a tu lado, -le dijo Berta- confía en mí.
- ¡Venga va! -exclamó Martina, sacudiéndose el miedo del cuerpo- A la una, a las dos .... ¡y a las tres! -y saltó.

La tribu de los Lakota celebró con **orgullo** la valentía de su compañera entre risas y aplausos.

- ¡Qué **divertido**! -dijo, **satisfecha**- ¡Quiero saltar otra vez!

Después de cenar, el Indio Flecha Rápida convocó a todas las tribus en un claro secreto del bosque. Para llegar, tenían que seguir las pistas que les había dejado por el camino. Linternas en mano, se adentraron en el bosque.

- ¿Habéis oído ese ruido? -susurró Pablo- alguien nos está siguiendo ... ¿y si se trata de un oso?
- Imposible -afirmó Martina, que sabía mucho de animales- los osos no viven en estos bosques, Pablo.
- ¡Allí se ha movido algo! —chilló Pablo, **aterrado**.
- Chico, ¡pero qué **susto**! —se quejó Berta, **sobresaltada**- ¡Qué cara de **pánico** has puesto!
- Hagamos algo – propuso Marta- apagad las linternas.

Entonces, descubrieron, **maravillados**, que con la luz de la luna tenían suficiente para ver con claridad. En silencio, escucharon las voces del bosque. El sonido de la brisa rozando las hojas, de las ranas croar, de los grillos cantando y hasta el ulular de algún búho.

20

- Vaya -suspiró Pablo- ¡El bosque es una pasada! Ya no tengo miedo.

Celebraron una magnífica fiesta india bajo la luz de la luna, cantando y bailando alrededor del tótem de la **felicidad**.

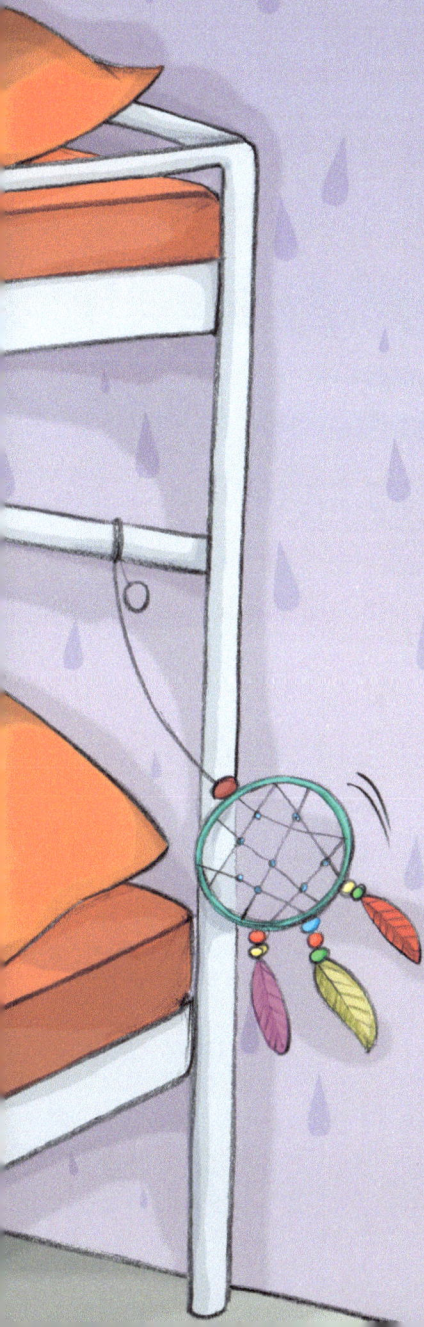

Después de lavarse los dientes y ponerse el pijama, treparon a las literas. Marta les contó un lindo cuento, les dio las buenas noches y apagó las luces.

- ¿Duermes, Martina? - susurró Berta al cabo de un rato.
- No, todavía no –respondió su amiga- ¿Qué te pasa?
- Estoy **triste** ... Echo de menos a mis padres -suspiró Berta.
- Normal ... -la consoló Martina- ¿sabes qué hago yo, cuando **añoro** a alguien? Pues pienso en las cosas chulas que hemos hecho hoy y me imagino la cara que pondrán en casa, cuando se lo cuente.

Pensando en todo lo que había pasado ese día, Berta, sonrió.
- ¡Sí que funciona, sí! - exclamó, **agradecida** - ¡Gracias Martina! ya me siento mucho mejor. ¡Ahora me da **pena** que mañana se terminen las colonias!

Por la mañana, se sacudieron la **pereza** y saltaron de sus literas, querían **disfrutar** de cada momento, antes de marcharse.

Después de desayunar, Flecha Rápida les esperaba con los caballos y les enseñó a montar como lo hacen los indios y a cuidar de los animales. Berta quedó **enamorada** de ellos.

Llegó el momento de regresar a casa y subieron al autocar con un poco de **pesar**, lo habían pasado tan bien que no querían irse. Emprendieron el viaje de vuelta con una sonrisa de oreja a oreja y una agradable calidez en el pecho.

- ¡Qué colonias más emocionantes! -dijo Berta- ¡Tengo unas ganas de explicárselo a mamá y a papá! ¡Miguel va a **flipar**! ...

Y se durmió **plácidamente** ...

24

Algunas propuestas:

• Escondidas en el cuento, encontraréis más de 50 emociones! Encontradlas y pensad como se podrían clasificar, por ejemplo, separando las que os hacen sentir bien de las que os hacen sentir mal, las que tienen una energía alta (como la **rabia** o la euforia) de las que la tienen más bien baja (como la tristeza o la calma), las que sentís cuando os relacionáis con otras personas (como por ejemplo los **celos**) de las que no (como sería la **frustración**) ...

• Entre una ACCIÓN y una REACCIÓN siempre existe una EMOCIÓN. Es importante aprender a identificarlas y a regularlas para poder escoger la respuesta más adecuada. A menudo, el problema no es la emoción sino lo que hacemos con ella. Como cuando Berta se ha enfadado y ha pegado a su hermano, Miguel.

• Las emociones las sentimos con todo el cuerpo. Algunas provocan que nuestro corazón lata más rápido, otras puede que nos hagan sentir frío o calor, los músculos se tensan o se relajan, la piel cambia de color, a veces hasta podemos sentir dolor en el estómago. Fijaos, esto os ayudará a reconocerlas mejor.

• Para expresarlas, utilizamos todos los músculos de nuestra cara, y tenemos 23! También utilizamos el movimiento y la postura de nuestro cuerpo, el tono de voz y su volumen... De esa forma, todo el mundo se puede dar cuenta de cómo nos sentimos (y nosotros también).

• A veces el MIEDO nos juega malas pasadas, nos paraliza, decide por nosotros o nos hace creer que no somos capaces. La confianza nos da **seguridad** y nos ayuda a superar los miedos.

• Es VALIENTE quien, a pesar de sentir MIEDO, se enfrenta a él y lo supera. Como Martina, que a pesar de estar asustada, al final salta con la tirolina. Algunas veces nos convencemos que la valentía consiste en no tener miedo y esto es un error. El miedo nos ayuda a ser prudentes y a protegernos del peligro, es natural sentirlo, es una emoción tan válida como cualquier otra.

LAS EMOCIONES

Júlia Prunés Massaguer

Madre, enfermera ... y, entre otras cosas, *"facilitadora de convivencia"* formada por el Servicio de Mediación Comunitaria de Terrassa. Me apasiona el mundo de las emociones. Por este motivo, cursé el posgrado de Educación Emocional y Bienestar en la Universidad de Barcelona. Estoy convencida de que la educación emocional es la clave para aprender a ser felices y también para relacionarse mejor con los demás.

Me he propuesto acercar la educación emocional y la cultura de la mediación al ámbito familiar, escribiendo y narrando cuentos como este que teneis entre manos, y también dinamizando talleres para adultos, niños/as y familias.

juliaprunes@gmail.com   · 665 631 051

www.creixerenfamilia.blogspot.com.es

Los cuentos de Berta · Colección Educación Emocional

Este cuento se ha podido editar y publicar, gracias a:

LAGRANJA.CAT · ESCUELA GUINARDÓ SCCL COOPERATIVA DE MAESTROS · PEQUEÑOS Y PEQUEÑAS VILANOVENCS
ESCUELA LOLA ANGLADA DE ESPLUGUES DE LLOBREGAT · ESCUELA SALA BADRINAS DE TERRASSA
ESCUELA PIA VILANOVA Y LA GELTRÚ · ESCUELA TECNOS DE TERRASSA · FAMILIA GASOL COS · FAMILIA LÓPEZ JORDÀ
JAN Y GERARD MUÑOZ REBELLES · JAUME Y ELISABET CUADROS RUSSIÑOL · MIA+MIREIA+IAN · IAIA CATS
FERRAN, DÍDAC, ORIOL Y JAN · FAMILIA FRATTAROLA-OLIVER · RO · EMILIA, MIREIA, MARC Y JOAN
FAMILIA CASTELLSAGUÉ REVERTER · FAMILIA MAYOL TRAVERIA · NÚRIA PÉREZ-ESCODA · IRIA RIBADAS ALONSO
FAMILIA CIURANA CABERO · ALBERT SOLER · TONI SANCHEZ · ANNA GASSÓ · SILVIA ESPARÓ · MIMIPA
XÈNIA BLANCH · FÈLIX VILASECA · FAMILIA RODRÍGUEZ SAMANIEGO · FAMILIA SOBRADO CLOTET · VANESSA SP
FAMILIA RODRIGUEZ VILA · ESTER COMELLAS Y CASARRAMONA · BPERISESTANY · FAMILIA PONT BUSQUÉ
CASA DE COLONIAS ORRIOLS · FAMILIA MERINO ROVIRA · FAMILIA PUIG GALLÉS · ÀNGELS GRABULÓS
FAMILIA CASANOVAS-LLADONOSA · FAMILIA TURA RODOREDA · A · PAQUITA · MARI · PALOMA ARENÓS
CARLES · GUILLEM Y JUDIT BROQUETAS SAURA · ITZ · MERITXELL MARTÍN ROS · FAMILIA SERRA SANCHO
OLEGUER JANSANA · MARTA MORENO JANSANA · FAMILIA DOMÈNECH TRULLÀS · FAMILIA ESCAR CUADRADO
ELS PAURETES · ASSUMPTA · MARTA TARRÉS · FAMILIA AYALA GARRIGA · FAMILIA GÓMEZ-GRANOLLERS
JOAQUIM · TXELL · MAICA · AMINA DRIAA QUINTERO · FAMILIA TOBELLA BACH · FAMILIA UMBRIA ROCA
MONTSERRAT MATARIN · FAMILIA VERGÉS MIRÓ · LAIA ÈLIA GÀLLEGO · TERESA CLUA · MESEGUER CASAS
FAMILIA CALLEJA VILASECA · FAMILIA VALLS PAGÈS · FAMILIA SIMÓ-BOSCH · SONIA GIMÉNEZ GUZMÁN
GLÒRIA BASAGAÑAS · FAMILIA SUBIRÀ CRIBILLERS · ABUELA DE BIEL · STELLA MORENO MISERACHS
FAMILIA MOLINS ROSÉS · RITA · BERTA GASCA · TERESA Y ELOI BRASÓ ALEMANY · FAMILIA VALL-CULELL
FAMILIA ROY ALMONACID · ANNA Y PAYTU · FAMILIA POCH PINEDA · MIREIA · DANIEL MARTÍNEZ MALAGUILLA
MARTA HUGUET ROSELLÓ · ESTHER MARTÍN · TANIA NIEVES · MATEO & FAUSTO LORENTE · ROSA R
ABUELOS DE BERTA BARRIS · FAMILIA MARCO USON · TOMEU SIMÓ · MARIO SORRIBAS · SARA PEIDRO
FAMILIA GOTA PUIGDELLÍVOL · PAU, SILVIA Y JOSEP · GEMMA VISENS TORRES · AMIGÓ MUSTARÓS
FAMILIA ESMERATS FITÉ · BERNAT, ROGER, FERRAN, MARCEL Y LAURA · MARTA · FADETA MAR · ELENA ANDRÉS
XELL PUJOL · NATHALIE · FAMILIA PI-BOLEDA · ZÖE BOSCH SARDANS · FAMILIA JANOHER BONET · MIREIA TS
PACO, VIRGÍNIA, FIONA Y ELOI · DIEGO Y ANDREA SÁNCHEZ GÓMEZ · CRISTINA MÉNDEZ
GUIM, BIEL Y IU CASALS · MARTA FÀBREGA · ALBA PERARNAU BOIX · CLAUDIA, LAURA Y PECA
FAMILIA ZUHEROS PIÑEIRO · FAMILIA PUIG BALCELLS · MARTA CÁRDABA SALGADO · MOMO
MARIONA SELGA · ALBA MAGRIÑÀ · FAMILIA SAÀ JUAN · PAULA MURADAY · ANNA CARPENA
ESTHER PALACIOS · ESTHER GARCIA NAVARRO · RUESTES · PGRACIA · LÍA BARBERY SHAUER
WLADI · FAMILIA PUIG FREIXA · JÚLIA GARCIA NAVASQUILLA · MARTA SANTACANA
ALBERTO PAVÓN · FAMILIA SERRAT IBARRA · MONTSE TRULLÀS · ANNA PRUNÉS · NURIA OTERO

CROWDFUNDEADO

VERKAMI

♥ ¡MUCHAS GRACIAS! ♥

www.ingramcontent.com/pod-product-compliance
Lightning Source LLC
Chambersburg PA
CBHW042108040426
42448CB00002B/190